AF313659

VENTE

Du Lundi 16 Février 1903

HOTEL DROUOT, SALLE N° 10

à deux heures

ATELIER

G. PULL

CÉRAMISTE D'ART

COMMISSAIRE-PRISEUR

Mᵉ MAURICE DELESTRE

EXPERT

M. HENRI LEMAN

PARIS 1903

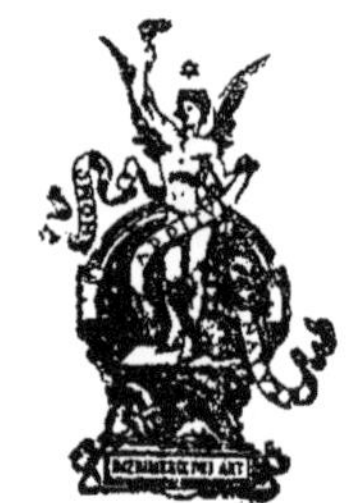

CATALOGUE

DES

FAIENCES ARTISTIQUES

PLATS, AIGUIÈRES, COUPES, SALIÈRES, FLAMBEAUX
STATUETTES ET PIÈCES DIVERSES

D'après Bernard PALISSY

CHEMINÉE MONUMENTALE EN TERRE ÉMAILLÉE

D'après Germain PILON

HAUTS-RELIEFS D'APRÈS LUCA DELLA ROBBIA

PLAQUES DÉCORATIVES — STATUETTES — PIÈCES DE FORMES

GRÈS FLAMMÉS, ETC.

Exécutées par feu Georges PULL

CÉRAMISTE D'ART

DONT LA VENTE AURA LIEU, A PARIS

HOTEL DROUOT, SALLE N° 10
LE LUNDI 16 FÉVRIER 1903

à deux heures

COMMISSAIRE-PRISEUR	EXPERT
Mᵉ M. DELESTRE	**M. HENRI LEMAN**
5, rue Saint-Georges	37, rue Laffitte

EXPOSITION PUBLIQUE

Le Dimanche 15 Février 1903, de 2 heures à 5 h. 1/2

CONDITIONS DE LA VENTE

Elle sera faite au comptant.

Les acquéreurs paieront *dix pour cent* en sus des adjudications.

L'exposition mettant le public à même de se rendre compte de l'état et de la nature des objets, il ne sera admis aucune réclamation une fois l'adjudication prononcée.

Paris.—Imprimerie de l'Art, E. Moreau et Cie, 41, rue de la Victoire

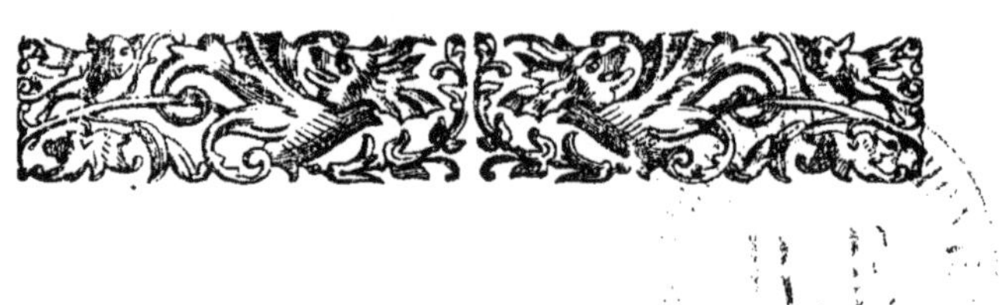

G. Pull, *n'a pas été seulement un imitateur
de Bernard Palissy ; ce fut un véritable artiste,
consciencieux, épris de son métier, qui passa
de nombreuses années à rechercher les procédés
employés par l'auteur des rustiques figulines, et
ce n'est qu'en 1856, après douze années d'essais
et de tâtonnements, que Pull réussit enfin à
établir son atelier à Vaugirard.*

*Ses faïences faites d'après les modèles de Bernard Palissy eurent alors beaucoup de succès, et
fréquemment des pièces de sa fabrication passèrent pour des œuvres du potier du XVIᵉ siècle.*

*Outre ces faïences vernissées, il y a dans l'atelier de Pull des œuvres originales fort curieuses ;
ainsi la grande cheminée en terre émaillée, copiée
sur la cheminée de Germain Pilon qui est au
Musée du Louvre ; des essais de faïence d'Oiron
ou de Saint-Porchaire ; des hauts-reliefs en terre
émaillée dans le genre de Luca della Robbia ; de
grandes plaques décoratives à reliefs, superbes
de couleurs et d'émail, et, enfin, toute une série
de grès flammés très jolis de formes et de tonalités,*

ces pièces, si appréciées aujourd'hui et si modern style, ont été faites il y a des années.

Georges Pull est mort en 1889. Il avait obtenu, la même année, la médaille d'or à l'Exposition universelle, et avait participé avec succès à toutes les Expositions des Arts décoratifs depuis 1859.

Nous ne doutons pas que les amateurs ne s'intéressent vivement à cette vente. Ils y trouveront des faïences d'art originales, rares, et de réelle valeur.

DÉSIGNATION

FAIENCES
D'APRÈS LES MODÈLES DE BERNARD PALISSY

1 — Grand plat circulaire, à ombilic, dit à la Tempérance, d'après le modèle de *François Briot*. Émaux fond bleu.

Diam., 405 millim.

2 — Plat rond découpé à jour, aux chiffres de Henri II et de Diane de Poitiers ; au centre, une cuvette jaspée. Émaux blancs.

Diam., 26 cent.

3 — Plat ovale : la Belle Jardinière.

Long., 36 cent.; larg., 27 cent.

4 — Coupe circulaire : l'Enfance de Bacchus.

Dia   31 cent.

5 — Aiguière, en forme de casque, à panse
aplatie et ovale, ornée de médaillons représentant Pomone et une Source ; de mascarons et d'ornements. L'anse est formée par
une figure de femme nue.

Haut., 33 cent.

6 — Plat ovale, à cavité centrale jaspée, à décor
rayonnant formé par des godrons.

Long., 35 cent.

7 — Plat ovale, à décor analogue.

Long., 46 cent.

8 — Paire d'appliques porte-lumières, à têtes
d'anges. Émaux verts et bruns.

Haut., 38 cent.; larg., 26 cent.

9 — Plat circulaire, à ombilic, dit à la Tempérance, d'après le modèle de *François Briot*.
Émaux fond jaune.

Diam., 43 cent.

10 — Plat ovale, à reptiles, feuillages et poissons.

Long., 52 cent.

11 — Plat ovale, à cinq cavités, dont l'une centrale ; bordure ornée et découpée à jour.

Long., 28 cent.

12 — Plat circulaire, à grands mascarons. Émail
fond blanc.

Diam., 55 cent.

13 — Plat ovale : la Belle Jardinière.

Long., 36 cent.; larg., 27 cent.

14 — Plat circulaire, à large cuvette jaspée ;
bordure décorée de palmettes et fleurons.

Diam., 31 cent.

15 — Coupe circulaire : l'Enfance de Bacchus.

Diam., 31 cent.

16 — Plat ovale, à cavité centrale et à décor
rayonnant formé par des godrons.

Long., 46 cent.

17 — Corbeille ronde, à décor rayonnant, à
bords festonnés. Émaux jaunes, bleus et verts.

Diam., 23 cent.

18 — Plat ovale. Autour d'une cavité centrale
jaspée, sont disposés des rayons découpés à
jour.

Long., 30 cent.

19 — Plat rond, découpé à jour, aux chiffres de
Henri II et de Diane de Poitiers. Au centre,
une cuvette jaspée. Émaux gris.

Diam., 26 cent.

20 — Plat circulaire, à ombilic, dit à la Tempérance, d'après le modèle de *François Briot*. Émaux fond blanc.

Diam., 43 cent.

21 — Buire ovoïde, à décor de médaillons, d'après *François Briot*. Cette pièce complète le grand plat à la Tempérance.

Haut., 28 cent.

22 — Statuette : le Joueur de vielle.

Haut., 27 cent.

23 — Flambeau formé de quatre cariatides d'hommes et de femmes. Émaux bleus et jaunes.

Haut., 37 cent.

24 — Flambeau formé de quatre cariatides d'hommes et de femmes. Émaux jaspés et blancs.

Haut., 37 cent.

25 — Deux salières ovales. Le récipient est jaspé et repose sur une corbeille ajourée, formée par des chimères, des guirlandes et des mascarons.

Haut., 105 millim.

26 — Deux autres salières du même modèle.

27 — Plat ovale à reptiles, feuillages et poissons.

Long., 525 millim.

28 — Saucière : sujet à personnages.

29 — Plat rond, à décor rayonnant, à bords festonnés. Émaux manganèse.

Diam., 23 cent.

30 — Paire d'appliques porte-lumières : bustes d'hommes.

Haut., 42 cent.; larg., 29 cent.

31 — Plat rond à décor de godrons ajourés.

Diam., 225 millim.

32 — Plat ovale : la Famille de Henri IV (d'après le plat de la suite de Palissy).

Long., 32 cent.

33 — Plat circulaire. Au centre, une cuvette jaspée. Marli ajouré.

Diam., 23 cent.

34 — Paire d'appliques porte-lumières, à têtes d'anges.

Haut., 38 cent.; larg., 26 cent.

35 — Plat ovale à salières, modèle dit aux quatre génies.

Long., 34 cent.; larg., 26 cent.

2

36 — Statuette : le Joueur de vielle.

Haut., 275 millim.

37 — Plat ovale : Diane chasseresse.

Long., 45 cent.

38 — Plat ovale à cinq cavités, dont l'une occupe le centre ; bordure ornée, découpée à jour.

Long., 285 millim.

39 — Plat circulaire, décoré d'un lézard, de feuillages et coquilles. Émail fond bleu et brun.

Diam., 30 cent.

40 — Plat ovale à cavité centrale, bordure ajourée.

Long., 30 cent.

41 — Plat rond décoré de feuilles, coquilles et lézard. Fond bleu clair.

Diam., 30 cent.

42 — Aiguière, en forme de casque à panse aplatie et ovale, ornée de médaillons représentant Pomone et une Source, de mascarons et d'ornements. L'anse est formée par une figurine de femme nue.

Haut., 33 cent.

43 — Plat ovale, à cavité centrale et bordure ajourée.

Long., 3o cent.

44 — Plat ovale, à reptiles et feuillages.

Long., 47 cent.

45 — Buire de forme évasée à couvercle fixe, montée sur un piédouche. Décor de feuillages, écrevisse et coquillages. Émaux jaspés.

Haut., 23 cent.

46 — Paire de vases à couvercles, décorés de feuillages, coquilles, lézards et tortue. Fond émaillé brun.

Haut., 3o cent.

47 — Plat ovale : la Famille de Henri IV.

Long., 32 cent.

48 — Plat creux, rond, à décor de grands mascarons.

Diam., 35 cent.

49 — Plat rond, à reptiles et feuillages. Email fond bleu.

Diam., 35 cent.

5o — Paire d'appliques porte-lumières : bustes d'hommes.

Haut., 42 cent.; larg., 25 cent.

51 — Paire de vases, corps de lampes, forme
bouteilles à panses renflées. Fond bleu
jaspé.

Haut., 27 cent.

52 — Plat rond, décoré de feuillages et d'un
lézard ; fond brun et bleu.

Diam., 32 cent.

53 — Grand plat ovale : Diane chasseresse.

Long., 45 cent.

54 — Paire de vases, corps de lampes, à panses
renflée. Fond bleu jaspé.

Haut., 33 cent.

55 — Plat rond, décor à damier. Email bleu
clair et vert pâle.

Diam., 25 cent.

56 — Plat circulaire, à reptiles et feuillages.
Fond bleu.

Diam., 35 cent.

57 — Plat ovale à cinq cavités, célle du milieu
est décorée d'une couleuvre.

Long., 35 cent.

58 — Plat rond orné de feuillages, reptiles et
coquillages.

Diam., 34 cent.

59 — Plat ovale : Diane de Fontainebleau. Bordure ornée de fleurettes.

Long., 31 cent. ·

60 — Compotier creux, décor d'arabesques. Emaux verts et jaunes.

Diam., 24 cent.

61 — Saucière. Sujet à personnages.

62 — Plat rond, à reptiles et feuillages ; fond bleu.

Diam., 35 cent.

63 — Compotier rond, décor d'arabesques sur fond bleu.

Diam., 24 cent.

FAIENCES DIVERSES

GENRE ANCIEN

64 — Grande cheminée, composée d'après la cheminée monumentale de *Germain Pilon*, au Musée du Louvre. A décor de grosses cariatides, de bas-reliefs à figures et ornements. Pièce unique en faïence émaillée.

Haut., 1 m. 56 cent.; larg., 2 m. 05 cent.

65 — Paire de grands flambeaux de style Renaissance. Tige balustre, à décor de médaillons
à personnages, mascarons, cariatides et feuillages. Base carrée ornée de cariatides d'angles
à têtes de femmes.

Haut., 95 cent.

66 — Fontaine composée de quatre pièces : le
récipient, le socle, le couvercle et la cuvette ;
à décor de feuillages, reptiles, poissons et
coquillages sur fond bleu.

Haut., 80 cent.

67 — Broc à anse carrée, avec son couvercle,
décoré de médaillons à personnages d'après
François Briot.

Haut., 16 cent.

68 — Paire de flambeaux à base triangulaire,
ornée de têtes de chérubins. Tige cannelée.
Style Renaissance.

Haut., 50 cent.

69 — Deux consoles d'appliques en faïence fond
bleu, décorées d'un lézard et de coquilles.

Haut., 15 cent.

70 — Plat creux, rond, représentant une scène à

personnages avec fond de ruines. D'après une coupe en orfèvrerie du xvi⁰ siècle.

Diam., 32 cent.

71 — Plat creux. Décoration d'après le revers d'une coupe en orfèvrerie du xvi⁰ siècle.

Diam., 32 cent.

72 — Fontaine en quatre parties, décorée de coquillages, poissons, reptiles et feuillages sur fond gros bleu.

Haut., 80 cent.

73 — Jardinière ovale, fond bleu, décorée de deux médaillons représentant Diane. Sur les côtés, deux mascarons à têtes de femmes.

Haut., 24 cent.; larg., 34 cent.; long., 55 cent.

74 — Plaque ovale, représentant une figure allégorique de l'Espérance. Cadre en bois noir.

Haut., 47 cent.

75 — Plat ovale, décor à personnages représentant la Poésie.

Long., 33 cent.

76 — Plat ovale, décor à personnages représentant la Musique.

Long., 33 cent.

77 — Broc à couvercle, à anse carrée, orné de
personnages d'après *François Briot*.

Haut., 16 cent.

78 — Plaque ovale représentant l'Espérance

Haut., 47 cent.

79 — Grand plateau ovale, à décor de personnages ; bordure ornée d'amours et de médaillons è personnages. Exécuté d'après un plat
en argent repoussé.

Long., 36 cent.

80 — Plat analogue.

81 — Statuette de sainte femme debout tenant
un livre. D'après un bois de l'église de Brou.
Style du xvᵉ siècle.

Haut., 51 cent.

82 — Statuette de femme drapée, debout. D'après
un bois de l'église de Brou. Style du xvᵉ siècle.

Haut., 51 cent.

83 — Statuette de sainte Catherine. D'après un
bois sculpté de l'église de Brou. Style du
xvᵉ siècle.

Haut., 55 cent.

84 — Grande statuette de sainte Marthe debout,
tenant un sceau ; un dragon à ses pieds. Style
du xve siècle.

Haut., 65 cent.

85 — Statuette représentant Bernard Palissy
assis, vêtu d'un large tablier, tenant un plat.
Près de lui, à terre, un fournea:, une cornue
et son livre : *l'Art de Terre*. Émaux bruns.

Haut., 44 cent.

86 — Paire de flambeaux. Tige à balustre, décor
de feuillages, fond gris.

Haut., 22 cent.

87 — Deux grandes consoles à décor de reptiles,
écrevisses, feuillages et coquillages, sur fond
bleu.

Haut., 34 cent.

88 — Deux consoles à ornements feuillagés à
jour.

Haut., 16 cent.

89 — Petite coupe évasée, décorée de motifs
d'ornements d'après *François Briot*.

Haut., 10 cent.

90 — Paire de flambeaux ornés de guirlandes de

fleurs, de feuillages, de fruits et de têtes de béliers. Style Renaissance. Émail fond bleu.

Haut., 38 cent.

91 — Deux consoles ornées de figures d'amours.

Haut., 18 cent.

92 — Petite coupe évasée, décorée de motifs d'ornements d'après *François Briot*.

Haut., 10 cent.

93 — Paire de flambeaux ornés de guirlandes de feuillages, fruits, fleurs et de têtes de béliers. Fond bleu clair.

Haut., 38 cent.

94 — Paire de gourdes plates, émaillées bleu, ornées de têtes de béliers et de médaillons représentant Diane chasseresse.

Haut., 19 cent.

95 — Bénitier de style rocaille, d'après un bois sculpté du XVIIe siècle, à décor de feuilles et d'anges ailés, supportant une coquille et un médaillon représentant la Nativité. Cadre en bois noir.

Haut., 55 cent.; larg., 40 cent.

96 — Plaque ovale représentant la Nativité. D'après un bronze italien.

Long., 47 cent.

97 — Suspension ronde, à décor Renaissance.

Diam., 33 cent.; haut., 20 cent.

98 — Suspension circulaire, ornée d'une couleuvre, de feuilles d'eau et de coquillages.

Diam., 25 cent.

99 — Plat rond, fond bleu et décoré d'ornements en relief. Style Renaissance.

Diam., 30 cent.

100 — Bouclier rond, orné de trois médaillons représentant des scènes de batailles. Bordure décorée d'ornements et figures. Style Renaissance.

Diam., 55 cent.

101 — Grand plat rond, représentant le Combat des Amazones, d'après le modèle de *Feuchère*.

Diam., 62 cent.

102 — Coupe ronde sur piédouche, à couvercle, surmontée d'une statuette d'enfant. Faïence incrustée à ornements rouges et bleus

sur fond crème. Imitatation des faïences de
Saint-Porchaire.

Haut., 34 cent.

103 — Coupe à pied et à couvercle surmonté
d'une figurine d'amour assis. Décor d'ornements rouges et noirs sur fond blanc. Imita-
tion de faïence de Saint-Porchaire.

Haut., 36 cent.

104 — Plat rond, fond blanc, décor incrusté :
croissants et trophées. Genre faïence de
Saint-Porchaire.

Diam., 34 cent.

105 — Médaillon circulaire, représentant en bas-
relief la Vierge et l'Enfant Jésus. Bordure de
fruits, fleurs et feuillages. Modèle de *Luca
della Robbia.*

Diam., 42 cent.

106 — Bas-relief circulaire analogue au précédent.

Diam., 42 cent.

107 — Haut-relief cintré, représentant la Vierge
et l'Enfant Jésus. Modèle de *Luca della
Robbia.*

Haut., 65 cent.; larg., 46 cent.

108 — Haut-relief cintré, représentant la Vierge
et l'Enfant Jésus, d'après *Luca della Robbia*.

Haut., 64 cent. ; larg., 46 cent.

FAIENCES MODERNES

109 — Statuette de jeune femme, la Liseuse.
Réduction d'une statue de J. Pull, exposée
au Salon de 1876.

Haut., 44 cent.

110 — Deux consoles, à décor de petits musi-
ciens.

Haut., 15 cent.

111 — Plat circulaire à décor de style oriental.
Faïence incrustée, émail fond blanc.

Diam., 23 cent.

112 — Paire de flambeaux, montés sur un pied
rond et ornés de statuettes d'amours portant
un vase.

Haut., 34 cent.

113 — Vase de forme sphérique, style chinois,
faïence incrustée sur fond d'émail blanc craquelé. Pièce unique.

Haut., 17 cent.

114 — Grand panneau ovale, décoré en relief
d'un Héron cendré. Cadré mouluré en bois
noir. Pièce unique.

> Haut., 65 cent.; larg., 44 cent.

115 — Grand panneau ovale, décoré en relief
d'un Héron pourpré, dressé sur ses pattes.
Cadre mouluré en bois noir. Pièce unique.
Pendant au numéro précédent.

> Haut., 65 cent.; larg., 44 cent.

116 — Panneau ovale, décoré en relief d'un
canard sauvage. Pièce unique.

> Haut., 65 cent.; larg., 44 cent.

117 — Panneau ovale, décoré en relief d'un
canard sauvage. Pièce unique. Pendant au
numéro précédent.

> Haut., 65 cent.; larg., 44 cent.

118 — Grosse tête de sanglier, décorée au naturel,
plateau à guirlandes. D'après un modèle de
Fratin.

> Long., 66 cent.

119 — Plat rond à reliefs, orné d'un perroquet

sur une branche de feuillages ; émaux verts,
jaunes et bleus sur fond violet. Encadré.

Diam., 49 cent.

120 — Plat rond, décoré d'une perruche posée
sur une branche de feuillages ; émaux verts
et bleus sur fond violet. Encadré.

Diam., 49 cent.

121 — Plat rond, orné de deux feuilles rectangulaires, réservées sur le fond et décorées
d'oiseaux et de feuillages en relief. Style
japonais. Encadré.

Diam., 49 cent.

122 — Plat rond, à décor, genre cloisonné chinois, de fleurs et de feuilles sur fond brun-
jaune. Encadré.

Diam., 49 cent.

123 — Plat rond, décoré de feuillages et papil-
lons, sur fond chamois. Pièce unique.

Diam., 37 cent.

124 — Plat rond, style japonais, orné de deux
feuilles rectangulaires, réservées sur fond
bleu, à décor de plantes.

125 — Plat rond, genre cloisonné, à décor de feuilles et fleurs sur fond bleu.

Diam., 28 cent.

126 — Plat circulaire, à fond bleu, avec rinceaux et chimères.

Diam , 32 cent.

127 — Plat rond, fond bleu décoré d'une plante et d'un papillon.

Diam., 28 cent.

128 — Plat rond, à fond bleu décoré d'une branche d'acacia et d'un papillon.

Diam., 28 cent.

129 — Jardinière circulaire et basse, décorée d'ornements sur émail bleu.

Diam., 32 cent.

130 — Jardinière ovale, fond bleu, à décor de médaillons d'enfants jouant. Les anses formées par des cariatides à têtes de femme.

Long., 62 cent.

131 — Paire de cornets, émail, fond bleu. Style chinois.

Haut., 14 cent.

132 — Paire de vases, émail jaspé vert et brun,
sur fond blanc.

> Haut., 19 cent.

133 — Paire de cornets émaillés jaune, de style
chinois.

> Haut., 145 millim.

134 — Paire de bouteilles, à panse renflée, à
fond bleu, décor de fleurettes en couleurs
sur réserves fond blanc. Style persan.

> Haut., 42 cent.

135 — Paire de vases, forme Médicis, décorés
au pourtour d'une ronde d'amours.

> Haut., 31 cent.

136 — Paire de vases, forme Médicis, décorés
d'ornements sur fond bleu.

> Haut., 25 cent.

137 — Paire de vases, forme Médicis, décor
d'ornements sur fond bleu.

> Haut., 22 cent.

138 — Paire de grandes buires ovoïdes, à anses
torses, ornées de mascarons sur le col. Émail
brun-jaune. Pièces uniques.

> Haut., 59 cent.

139 — Paire de vases décorés d'un médaillon allégorique, représentant une source, et de deux mascarons à têtes de Méduse. Le couvercle est formé par une couleuvre enroulée. Émail fond brun. Pièces uniques.

Haut., 54 cent.

140 — Deux coupes ovales, à têtes de béliers. Émail gros bleu.

Haut., 13 cent.

141 — Paire de cornets décorés de figures allégoriques.

Haut., 28 cent.

142 — Vase, forme ovoïde, de style chinois, orné de mascarons à têtes de lions et à décor de fleurs gravées. Émail céladon vert craquelé. Pièce unique.

Haut., 17 cent.

143 — Très grand vase, forme Médicis, décoré de rinceaux et feuillages verts sur fond brun clair.

Haut., 97 cent.; larg., 72 cent.

144 — Paire de vases ornés de médaillons et de têtes de Neptune. Fond bleu.

Haut., 16 cent.

145 — Vase de style antique, orné de deux têtes modelées en relief. Émail fond bleu.

Haut., 16 cent.

146 — Paire de vases (corps de lampes) ornés de têtes de béliers. Émail bleu.

Haut., 33 cent.

147 — Paire de corps de lampes, forme de bouteilles à fond bleu, avec réserves de palmettes sur fond jaune. Style persan.

Haut., 42 cent.

148 — Plat rond, genre cloisonné chinois, décor de fleurs.

Diam., 20 cent.

149 — Plat rond, décoré d'une tulipe blanche.

Diam., 20 cent.

GRÈS FLAMMÉS

150 — Vase ovoïde gris fer.

Haut., 28 cent.; diam., 23 cent.

151 — Cornet cylindrique bleu lapis.

Haut., 32 cent.

152 — Bouteille à long col, vert pâle et violacé.

Haut., 27 cent.

153 — Vase modelé, très cabossé. Émaux violacés.

Haut., 12 cent.

154 — Bouteille rouge haricot.

Haut., 18 cent. —

155 — Gourde plate, à deux anses et à couvercle. Rouge brun.

Haut., 23 cent.

156 — Bouteille. Émaux cuivreux sur fond jaspé.

Haut., 21 cent.

157 — Bouteille piriforme bleu-lapis.

Haut., 20 cent.

158 — Coupe surbaissée vert et rouge.

Haut., 85 millim.

159 — Vase piriforme moucheté vert-de-gris et rouge.

Haut., 15 cent.

160 — Petite bouteille, bleu lapis.

Haut., 15 cent.

161 — Bouteille, panse renflée, moucheté vert-de-gris, violet et brun-rouge.

Haut., 15 cent.

162 — Petite bouteille piriforme, flammes
bleues, fond vert d'eau.

> Haut., 15 cent.

163 — Petite bouteille, fond brun, coulures
d'émail gris-fer.

> Haut., 15 cent.

164 — Petit vase cylindrique, fond rouge-brun,
coulures violettes.

> Haut., 15 cent.

165 — Plat rond jaspé vert et rouge.

> Diam., 20 cent.

166 — Petit vase, à trois anses, émaux rouge,
bleu pâle et jaune ; parties craquelées.

> Haut., 11 cent.

167 — Petite bouteille, panse renflée, émail
bleu-lapis, gris et rouge.

> Haut., 13 cent.

168 — Petit vase, émail moucheté vert et rouge.

> Haut., 10 cent.

169 — Petit plateau, en forme de feuille, orné
d'une fleur et d'une mouche modelées en
relief.

170 — Petit vase cylindrique, rouge-brun.

Haut., 12 cent.

171 — Paire de petites potiches, émail vert-de-gris.

Haut., 11 cent.

172 — Petit vase, coulures violettes sur fond blanc craquelé.

Haut., 10 cent.

173 — Petit vase, fond vert ; irisation plombifère.

Haut., 12 cent.

174 — Bouteille piriforme cabossée. Émail vert et rouge.

Haut., 15 cent.

175 — Vase cylindrique bleu et brun.

Haut., 17 cent.

176 — Bouteille piriforme. Émaux bleu et brun.

Haut., 15 cent.

177 — Plateau ovale, émaillé rouge et gris.

Long., 21 cent.

178 — Petit vase surbaissé, à fond blanc craquelé. Coulures mouchetées.

Haut., 7 cent.

179 — Petit vase jaspé.

Haut., 12 cent.

180 — Vase cylindrique, à bords festonnés. Émail jaspé vert antique.

Haut., 10 cent.

181 — Petite salière quadrangulaire, à décor de palmettes ajourées. Émail gris fer.

182 — Petite coupe ovale, à bords festonnés. Émail flammé rouge brun. Pièce modelée.

183 — Coupe : sirène portant une coquille sur laquelle est posé un enfant jouant de la trompe. Emaux vert jaspé.

Haut., 38 cent.

184 — Trente petits vases, bouteilles et coupes, en grès flammés, à émaux de couleurs. (Ce lot sera divisé.)